# Conoce
# Canadá

## Bobbie Kalman
Crabtree Publishing Company

www.crabtreebooks.com

# Creado por Bobbie Kalman

Para Lawrence, Machiko, Alex, Matthew y Hana, con mucho amor. (Ver pág. 20) Aportaron una gran contribución a nuestra creativa y alegre familia. ¡Lo logramos!

**Autora y editora en jefe**
Bobbie Kalman

**Editora**
Robin Johnson

**Investigación fotográfica**
Crystal Sikkens

**Diseño**
Bobbie Kalman
Katherine Kantor
Robert MacGregor (portada)

**Coordinadora de producción**
Katherine Kantor

**Agradecimiento especial a**
Drew Colangelo

**Consultor lingüístico**
Dr. Carlos García, M.D., Maestro bilingüe de Ciencias, Estudios Sociales y Matemáticas
**Ilustraciones**
Barbara Bedell: contraportada, páginas 6, 7 (hojas), 11 (piña), 15 (Inuit y canoa), 16 (parte superior), 20 (hojas), 29
Antoinette "Cookie" Bortolon: página 20 (banderas)
Katherine Kantor: páginas 7 (Grandes Lagos), 14 (parte inferior), 15 (inukshuk)
Bonna Rouse: páginas 11 (bandera y hoja), 19, 22, 26
Margaret Amy Salter: páginas 14 (parte superior), 15 (recuadro)
**Fotografías**
Lawrence Brissenden: página 20
Confederation Life Gallery of Canadian History: páginas 17 (parte inferior), 18 (parte inferior)
PBase.com/G. Elliott: página 30 (parte inferior)
© iStockphoto.com: pages 12, 21 (parte superior), 25 (parte inferior izquierda) Robin Johnson: página 27 (parte inferior derecha) Peter Crabtree: página 28 (bottom right) National Archives of Canada (PA-027013): página 18 (top)
© ShutterStock.com: portada, páginas 1, 3, 5 (parte superior), 6 (izquierda), 9 (parte inferior), 10 (parte superior izquierda), 11, 13 (todas excepto parte superior izquierda), 15, 17 (parte superior), 19, 21 (parte inferior), 23, 24, 25 (todas excepto parte inferior izquierda), 26, 28 (todas excepto parte inferior derecha), 29, 30 (parte superior), 31; Elena Elisseeva: contraportada, páginas 8 (parte inferior), 9 (parte superior izquierda), 10 (todas excepto parte superior izquierda), 21 (centro), 27 (todas excepto parte inferior derecha)
The CRB Foundation Heritage Project/Claude Charlebois: página 16 (parte inferior)
Otras imágenes por Corbis, Digital Stock, Image Club Graphics y Photodisc
**Traducción**
Servicios de traducción al español y de composición de textos suministrados por translations.com

**Library and Archives Canada Cataloguing in Publication**

Kalman, Bobbie, 1947-
    Conoce Canadá / Bobbie Kalman.

(Conoce mi país)
Translation of: Spotlight on Canada.
Includes index.
ISBN 978-0-7787-8197-4 (bound).--ISBN 978-0-7787-8217-9 (pbk.)

    1. Canada--Juvenile literature. I. Title. II. Series: Conoce mi país

FC58.K3518 2010    j971    C2009-902449-7

**Library of Congress Cataloging-in-Publication Data**

Kalman, Bobbie.
    [Spotlight on Canada. Spanish]
    Conoce Canadá / Bobbie Kalman.
      p. cm. -- (Conoce mi país)
    Translation of: Spotlight on Canada.
    Includes index.
    ISBN 978-0-7787-8217-9 (pbk. : alk. paper) -- ISBN 978-0-7787-8197-4 (reinforced library binding : alk. paper)
    1. Canada--Juvenile literature. I. Title. II. Series.
F1008.2.K35518 2010
971--dc22

2009016822

# Crabtree Publishing Company

www.crabtreebooks.com    1-800-387-7650

**Publicado en Canadá**
**Crabtree Publishing**
616 Welland Ave.
St. Catharines, Ontario
L2M 5V6

**Publicado en los Estados Unidos**
**Crabtree Publishing**
PMB16A
350 Fifth Ave., Suite 3308
New York, NY 10118

**Publicado en el Reino Unido**
**Crabtree Publishing**
White Cross Mills
High Town, Lancaster
LA1 4XS

**Publicado en Australia**
**Crabtree Publishing**
386 Mt. Alexander Rd.
Ascot Vale (Melbourne)
VIC 3032

# Contenido

# ¡Bienvenidos a Canadá!

¡Bienvenidos a Canadá! Canadá es el segundo **país** más grande del mundo. Un país es una zona de tierra en donde viven personas. Tiene **leyes** o reglas que las personas deben cumplir. Un país también tiene **fronteras**. Estas separan a los países de sus vecinos. Canadá tiene un solo vecino. Los Estados Unidos de América está al sur de Canadá. Alaska es parte de los Estados Unidos y está al noroeste de Canadá.

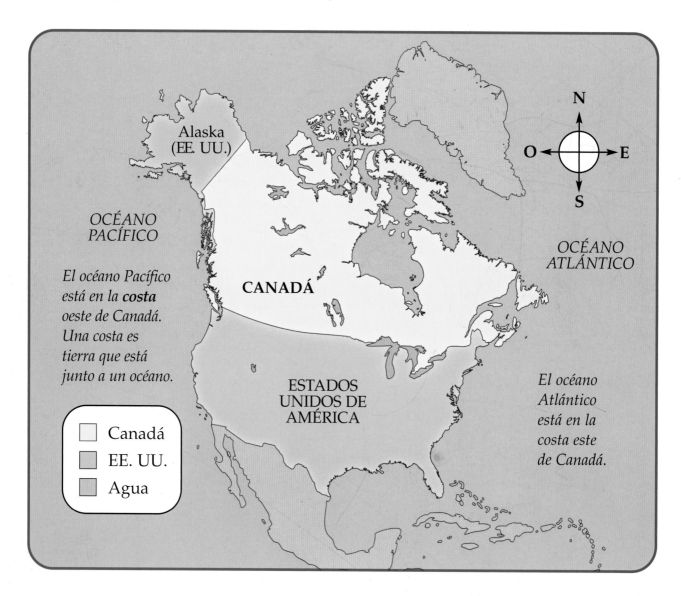

Alaska
(EE. UU.)

N

O     E

S

*OCÉANO PACÍFICO*

*El océano Pacífico está en la **costa** oeste de Canadá. Una costa es tierra que está junto a un océano.*

**CANADÁ**

*OCÉANO ATLÁNTICO*

ESTADOS UNIDOS DE AMÉRICA

*El océano Atlántico está en la costa este de Canadá.*

- Canadá
- EE. UU.
- Agua

## ¿Dónde queda Canadá?

Canadá forma parte del **continente** de América del Norte. Un continente es una zona de tierra inmensa. En la Tierra hay siete continentes: América del Norte, América del Sur, Europa, Asia, África, Antártida y Australia y Oceanía. Busca a Canadá en el mapa del mundo que se muestra a continuación.

*¿Cuáles son los tres océanos que tocan alguna parte de Canadá?*
*¿Qué continente está a lo largo del océano Atlántico desde Canadá?*

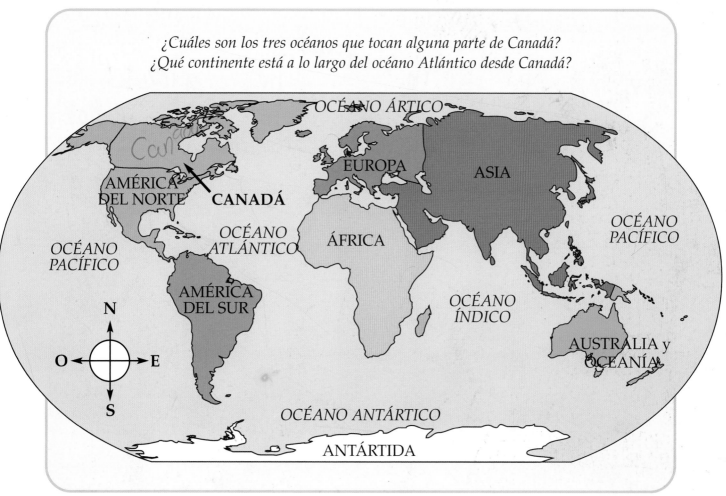

# Diez provincias

Canadá está compuesta por diez **provincias** y tres **territorios**. Una provincia es un área de un país que tiene su propio **gobierno**. Un gobierno dicta leyes y cuida a su gente. Un territorio es un área administrada por el gobierno **federal** o principal de un país. El gobierno federal de Canadá está ubicado en Ottawa. Ottawa es la **capital** de Canadá. Cada provincia y cada territorio también tiene una capital. El gobierno de cada provincia se encuentra en su ciudad capital.

*Los tres territorios de Canadá son los Territorios del Noroeste, Yukón y Nunavut.*

*Río Mackenzie*

YUKÓN
Whitehorse

TERRITORIOS DEL NOROESTE
Yellowknife

*OCÉANO PACÍFICO*

COLUMBIA BRITÁNICA

ALBERTA
Edmonton

Victoria

Regina

SASKATCHEWAN

*Ottawa es una hermosa ciudad de la provincia de Ontario. El Canal Rideau atraviesa la ciudad.*

*El río más largo de Canadá es el río Mackenzie.*

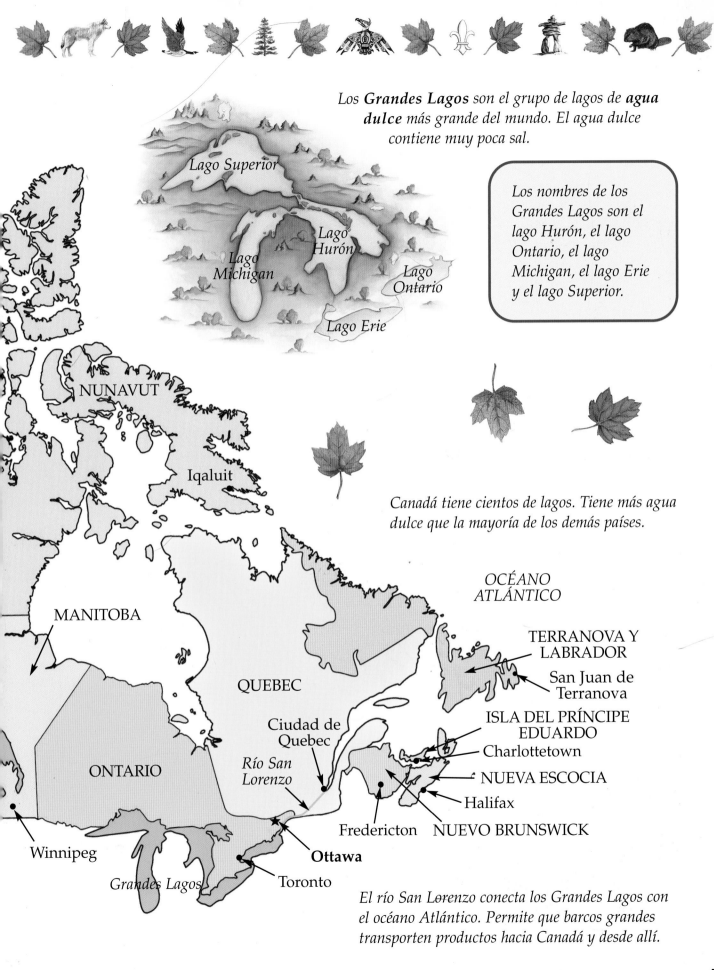

Los **Grandes Lagos** son el grupo de lagos de **agua dulce** más grande del mundo. El agua dulce contiene muy poca sal.

Lago Superior

Lago Hurón

Lago Michigan

Lago Ontario

Lago Erie

Los nombres de los Grandes Lagos son el lago Hurón, el lago Ontario, el lago Michigan, el lago Erie y el lago Superior.

NUNAVUT

Iqaluit

Canadá tiene cientos de lagos. Tiene más agua dulce que la mayoría de los demás países.

OCÉANO ATLÁNTICO

MANITOBA

TERRANOVA Y LABRADOR

San Juan de Terranova

QUEBEC

ISLA DEL PRÍNCIPE EDUARDO

Charlottetown

Ciudad de Quebec

NUEVA ESCOCIA

*Río San Lorenzo*

Halifax

ONTARIO

Fredericton

NUEVO BRUNSWICK

Winnipeg

**Ottawa**

*Grandes Lagos*

Toronto

El río San Lorenzo conecta los Grandes Lagos con el océano Atlántico. Permite que barcos grandes transporten productos hacia Canadá y desde allí.

# El territorio de Canadá

Canadá es un país hermoso. Tiene muchos **paisajes**. Un paisaje es la forma en la que se ve la tierra. Canadá tiene bosques densos, montañas inmensas, áreas llanas y con mucho pasto, y algunos lugares muy fríos y con nieve. Las imágenes en estas páginas muestran algunos de los paisajes de Canadá.

*La parte norte de Canadá se llama el Ártico y está cubierta de nieve y hielo durante casi todo el año. En el Ártico viven los osos polares.*

*La tierra en Ontario y Quebec es buena para la agricultura. Allí crecen uvas, manzanas, peras y duraznos. Esta fotografía muestra una huerta de manzanas en Ontario.*

Grandes áreas de Canadá son rocosas
y contienen **minerales** como oro, plata y
cobre. Estas áreas forman parte del
**escudo canadiense**.

Las montañas Rocosas se encuentran en las
provincias de Alberta y Columbia Británica.
En Columbia Británica crecen muchos
bosques antiguos.

Las **praderas** están en Manitoba, Saskatchewan
y en partes de Alberta. Las praderas son zonas de
tierra llana con mucho pasto. Allí crecen el trigo
y la **canola**, que se muestran arriba. La canola se
utiliza para hacer aceite de cocina.

Las provincias del Atlántico son Nueva Escocia,
Nuevo Brunswick, Terranova y Labrador y
la Isla del Príncipe Eduardo. Muchas de las
personas que viven en esas provincias se ganan
la vida por medio de la pesca.

# Cuatro estaciones

Algunas personas creen que en Canadá siempre hace mucho frío, pero no es así. La mayor parte de Canadá tiene cuatro estaciones: primavera, verano, otoño e invierno. Sin embargo, el **clima** es diferente en algunas partes del país. Algunas partes de Canadá son más calurosas, más frías, más húmedas o más secas que otras.

*En primavera, las plantas florecen en muchas partes de Canadá.*

*Los veranos pueden ser muy calurosos. Muchas personas van a la playa.*

*El color de las hojas se vuelve hermoso en el otoño.*

*En invierno, cae nieve en muchas partes de Canadá.*

# Las plantas de Canadá

En Canadá crecen muchas clases de plantas. En primavera y verano, las plantas florecen y los árboles tienen hojas nuevas. En otoño, muchos árboles, como el arce y el roble, pierden las hojas. Otros árboles, llamados **coníferas**, no pierden las hojas. Las hojas de las coníferas son púas filosas que no se caen de los árboles, ni siquiera en invierno.

## Hojas de arce para siempre

El arce crece en todas las provincias de Canadá. Es el árbol nacional de Canadá. La colorida hoja de arce es también el **símbolo** de Canadá. Un símbolo es una imagen o una figura que representa a otra cosa. En el centro de la bandera canadiense aparece una hoja de arce, la cual se muestra arriba.

*Las coníferas mantienen sus hojas durante todo el año.*

*En el Ártico canadiense crecen hermosas flores y otras plantas en verano.*

# Los animales de Canadá

El animal nacional de Canadá es el castor. Hace mucho tiempo, las personas venían a Canadá para atrapar castores por su piel. Luego hacían gorros y abrigos con sus pieles.

Muchos tipos de animales viven en diferentes partes de Canadá. Los animales están adaptados a los lugares naturales donde viven, su **hábitat**. En los bosques canadienses viven muchos animales. Algunos viven en el agua o cerca de ella. Otros animales incluso viven en las heladas regiones árticas.

Las orcas viven cerca de la costa de Columbia Británica. Allí también viven muchas gaviotas y otras aves. La orca y las gaviotas que se ven arriba están buscando peces en el océano para comer.

Los glotones son animales feroces que viven en los bosques del norte canadiense. Cazan alces y otras **presas** grandes.

Los gansos canadienses viven en Canadá la mayor parte del año. Esta gansa mamá cuida a sus **ansarinos** o polluelos de ganso.

Los linces canadienses también viven en los bosques del norte. Cazan animales como los conejos.

En el Ártico viven los búhos nivales. Sus gruesas plumas blancas los protegen del clima helado.

Los osos negros y los osos marrones también viven en Canadá. Estos osos negros viven en un bosque.

# Pueblos nativos

Las primeras personas que vivieron en Canadá fueron los nativos. Cientos de grupos o **pueblos** nativos vivieron en toda América del Norte durante miles de años. Cada uno de estos pueblos tenían sus propios idiomas, líderes y costumbres. Algunos pueblos eran agricultores. Cultivaban maíz y otros alimentos. Muchos también cazaban animales y capturaban alimento en los océanos, ríos y lagos canadienses.

Los pueblos que vivían cerca de los bosques cazaban muchos animales como pavos, castores y ciervos.

*Algunos pueblos nativos cultivaban maíz, frijoles y calabaza. Estas plantas crecían bien juntas. Algunos pueblos las llamaban "las tres hermanas".*

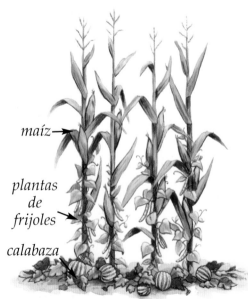

maíz→

plantas de frijoles→

calabaza

Los esquimales hacían estatuas de piedras llamadas **inukshuk**. Las inukshuk indicaban dónde había habido gente. Ayudaban a los viajeros a guiarse por las tierras nevadas.

En el Ártico vivían los nativos llamados esquimales. Cazaban focas y ballenas para alimentarse. Usaban la piel de las focas para hacer ropa abrigada.

Los Haida vivieron en la costa noroeste de Canadá. Usaban los árboles de cedro para construir casas y tallar hermosos **tótems**. Los tótems son esculturas altas de madera. Los Haida también construían grandes botes llamados **canoas**. Algunas de las canoas podían transportar muchas personas y alimentos.

*tótem*

Los Haida hacían hermosas obras de arte, como esta caja de cedro.

*canoa*

# Colonos de Europa

*castor*

Las primeras personas provenientes de Europa que se **establecieron** o vivieron en Canadá llegaron desde Islandia o Groenlandia. Se establecieron en Terranova por poco tiempo. Tras unos años, llegaron a Canadá personas de Francia e Inglaterra. Llegaron para comerciar con **cueros** o pieles de castor con los pueblos nativos.

*Los comerciantes franceses de pieles llegaron a Canadá para intercambiar productos por pieles. También llegaron los británicos para construir fuertes para el comercio de pieles, tales como la Compañía de la Bahía de Hudson. Tanto Francia como Inglaterra querían controlar el territorio.*

## Los leales

Los **leales a la corona británica** fueron el primer gran grupo de colonos de habla inglesa que se estableció en Canadá. Los leales eran personas británicas que habían vivido en lo que ahora son los Estados Unidos. Se mudaron a Canadá luego de la Revolución Estadounidense que ganaron los americanos en 1781. Los leales querían permanecer bajo el reinado británico.

*Un leal era una persona que seguía apoyando al rey de Inglaterra. Los leales luchaban por Inglaterra.*

*Los leales se establecieron en Nueva Escocia, Quebec y en lo que ahora es Ontario.*

# Creación de Canadá

En 1867, las provincias de Nuevo Brunswick, Nueva Escocia, Quebec y Ontario se **confederaron** o se unieron. Se convirtieron en el **Dominio** de Canadá. El nuevo país seguía estando bajo el reinado británico, pero además tenía su propio gobierno. Años más tarde, se construyó un ferrocarril que atravesaba el país. Este permitía que Saskatchewan, Manitoba, Alberta y Columbia Británica se unieran con el resto de Canadá. La última provincia que se unió a Canadá fue Terranova en 1949.

*Sir John A. Macdonald fue el primer* ***primer ministro*** *de Canadá.*

*Los hombres que se muestran arriba se conocen como los "Padres de la **Confederación**" y crearon el país de Canadá.*

18

*El gobierno de Canadá funciona en los Edificios del Parlamento en Ottawa.*

## Gobierno de Canadá

El gobierno de Canadá es un **sistema parlamentario**. Está compuesto por dos partes: —el **Senado** y la **Cámara de los Comunes**. El primer ministro elige a los miembros del Senado, quienes se llaman **senadores**. El pueblo de Canadá elige a los **Miembros del Parlamento** (MP), quienes representan a las personas en la Cámara de los Comunes. Los senadores y los MP crean y aprueban leyes que todos los canadienses deben obedecer.

*Los miembros del Parlamento se reúnen en la Cámara de los Comunes que se muestra arriba.*

# Los canadienses

La **población** de Canadá es de más de 33 millones de personas. La población es la cantidad de personas que viven en un país. Las personas que viven en Canadá se llaman canadienses. Los canadienses viven en un país **multicultural**, un país compuesto por muchas **culturas**. La cultura es la manera en que vive un grupo de personas. Los canadienses tienen diferentes creencias, costumbres, tipos de música, comidas y celebraciones.

*Estas banderas flamean en el Día de los Niños, una tradición que celebran muchos niños japoneses en Canadá.*

*Esta familia canadiense es multicultural. Los niños tienen orígenes japoneses, húngaros, suecos y británicos. Sostienen hojas de arce para mostrar que están orgullosos de ser canadienses.*

## ¿Quiénes son los canadienses?

No todos los canadienses tienen el mismo aspecto. Muchos han llegado de diferentes países. La mayoría de los canadienses hablan inglés, francés o ambos. Muchas de las personas que viven en Canadá también hablan otros idiomas. Los canadienses están orgullosos de su país y de sus culturas.

*Estas fotografías muestran jóvenes canadienses de diferentes orígenes que se divierten juntos.*

# Inglés y francés

El inglés y el francés son los **idiomas oficiales** de Canadá. El idioma oficial se usa en el gobierno y los negocios. Los niños además aprenden los dos idiomas en la escuela. Las primeras personas de Francia e Inglaterra que se instalaron en Canadá trajeron estos idiomas.

La **flor de lis** es el símbolo de Quebec.

## O Canada

El **himno nacional** de Canadá se llama "O Canada". Un himno nacional es la canción de un país. Las personas cantan el himno nacional para mostrar que están orgullosos de su país. Esta es la letra de O Canada en inglés y en francés.

### O Canada (inglés)

O Canada! Our home and native land!
True patriot love
in all thy sons command.
With glowing hearts we see thee rise,
The True North strong and free!
From far and wide, O Canada,
We stand on guard for thee.
God keep our land
Glorious and free!
O Canada, we stand on guard for thee;
O Canada, we stand on guard for thee.

### Ô Canada (francés)

Ô Canada! Terre de nos aïeux,
Ton front est ceint
de fleurons glorieux!
Car ton bras sait porter l'épée,
Il sait porter la croix!
Ton histoire est une épopée
Des plus brillants exploits.
Et ta valeur,
de foi trempée,
Protégera nos foyers et nos droits;
Protégera nos foyers et nos droits.

El inglés es el idioma principal que se habla en la mayor parte de Canadá. El francés es el idioma principal en la provincia de Quebec. En Quebec, muchos periódicos, programas de radio y de televisión y señales en las calles están en francés.

*La parte vieja de la ciudad de Quebec tiene el mismo aspecto de hace cientos de años. Las calles están hechas de **adoquines**. Los adoquines son piedras redondas y pequeñas que se usaban para hacer carreteras.*

*Château Frontenac*

*La ciudad de Quebec es una de las ciudades más antiguas de América del Norte. Un hermoso y antiguo hotel llamado Château Frontenac se eleva por encima de la ciudad. El hotel abrió en 1893 y se ha convertido en un símbolo de la ciudad de Quebec.*

# Las ciudades de Canadá

Canadá tiene muchas ciudades. Algunas son muy grandes.
La ciudad más grande de Canadá es Toronto. Está ubicada
en la provincia de Ontario. Otra ciudad grande es Montreal.
Está en la provincia de Quebec. Las fotos en estas páginas
muestran algunas de las tantas ciudades de Canadá.
Son excelentes lugares para vivir.

*La tercera ciudad más grande de Canadá es Vancouver, en Columbia Británica. Vancouver fue nombrada como una de las mejores ciudades del mundo para vivir. Esta hermosa ciudad tiene montañas a un lado y el océano Pacífico al otro. Casi nunca cae nieve en Vancouver, pero a veces llueve mucho.*

24

Torre CN

Toronto está ubicada en las costas del lago Ontario. Hay muchos
edificios altos en esta concurrida ciudad. El edificio más alto es la Torre CN.

Calgary, en Alberta, es famosa por las estampidas.
Las estampidas son **rodeos** grandes que duran
diez días todos los veranos.

Montreal es la segunda ciudad más
grande de Canadá. Es una hermosa
ciudad que tiene algunos edificios
muy antiguos.

Halifax está ubicada en la costa atlántica de Nueva
Escocia. La llaman "la puerta de entrada a Canadá".

# Diversión al aire libre

A los canadienses les encanta estar al aire libre. En invierno, disfrutan de patinar sobre hielo o jugar hockey en lagunas y **canales** congelados. En verano, muchas personas disfrutan de paseos, campamentos y deportes acuáticos. El deporte nacional de Canadá es el lacrosse. El lacrosse se juega con dos equipos en un campo. Los jugadores de lacrosse usan palos con redes como se muestra abajo.

*En invierno, muchas personas van a Ottawa para patinar en el Canal Rideau congelado.*

*Palo de lacrosse*

26

En invierno, muchas personas esquían en las inmensas montañas Rocosas de Canadá.

Muchas personas van a los parques o a las áreas abiertas de Canadá. Algunos niños aprenden a remar en canoas durante los campamentos de verano.

En verano, a los niños y a los perros les encanta refrescarse en el agua.

Muchos niños y niñas juegan fútbol en Canadá. Empiezan a jugar desde muy pequeños.

27

# Días festivos en Canadá

Los canadienses celebran muchos días festivos. Algunos son **días festivos nacionales**. Los días festivos nacionales honran a Canadá y su historia. El 1 de julio es el **Día de Canadá**. En este día Canadá se convirtió en país. Los canadienses celebran el cumpleaños de su país con desfiles, parrilladas y fuegos artificiales.

*Los canadienses aman su país.*

En el Día de Canadá, lanzan fuegos artificiales por todo el país. Estos fuegos artificiales son de la ciudad de Edmonton, Alberta.

*En Niagara-on-the-Lake, Ontario, hacen una torta inmensa de cumpleaños en el Día de Canadá.*

El 24 de mayo, los canadienses celebran el **Día de Victoria**. Esta festividad honra el cumpleaños de la Reina Victoria. Victoria fue la Reina de Inglaterra cuando Canadá se encontraba bajo el reinado británico. El esposo de la Reina Victoria, el Príncipe Alberto, llevó la tradición de decorar árboles de Navidad desde Alemania a Inglaterra. Esta tradición, que se muestra a la derecha, luego llegó a Canadá.

El 24 de junio es el Día Nacional de Quebec o *Fête nationale*. Las personas en toda la provincia hacen desfiles, fiestas, **fogatas** y lanzan fuegos artificiales para celebrar la cultura francesa de Quebec. La bandera de Quebec flamea en todas partes.

El **Día de Acción de Gracias** se celebra el segundo lunes de octubre. En este día, los canadienses disfrutan de comidas especiales con sus familias y agradecen por todo lo que tienen. Los nativos en Canadá comenzaron esta tradición hace mucho tiempo. Cada otoño, realizaban banquetes y agradecían por la **cosecha** de otoño.

# Las maravillas de Canadá

Canadá tiene muchas maravillas naturales. Están en diferentes partes del país. En Ontario, la inmensa cascada que se muestra arriba, las Cataratas del Niágara, es una de las maravillas más conocidas en todo el mundo. El nombre "Niágara" proviene de una palabra nativa que significa "trueno de agua".

*En Basin Head, Isla del Príncipe Eduardo, hay "arenas cantarinas" en la playa. Cuando uno camina descalzo sobre la arena blanca, esta emite un chillido. La arena también emite un sonido similar al maullido de un gato cuando uno mete el pie en ella. Nadie sabe por qué canta la arena, pero es divertido escucharla.*

*fósil de dinosaurio en una roca*

En Alberta, hay un lugar donde se puede encontrar dinosaurios verdaderos: el Parque Provincial de los Dinosaurios. Los dinosaurios no están vivos. Están enterrados en la tierra y la roca. Es posible ver el **fósil** de un dinosaurio en la foto pequeña de arriba. Un fósil es un molde de donde había huesos.

El Parque Provincial de los Dinosaurios también tiene **"hoodoos"**. Los "hoodoos" son rocas moldeadas por el viento y el agua. Se encuentran en áreas llamadas **tierras áridas**. Las tierras áridas son muy secas. Allí crecen pocas plantas.

En Vancouver, Columbia Británica, hay tótems inmensos que los nativos tallaron hace muchos años. Los animales en los tótems son símbolos de las familias nativas.

# Glosario

**Nota**: Algunas palabras en negrita están definidas en el lugar en que aparecen en el libro.

**canal (el)** Un curso de agua angosto hecho por seres humanos y por el cual viajan barcos

**capital (la)** La ciudad en la que se encuentra el gobierno de un país o una provincia

**clima (el)** El tiempo que no ha cambiado en muchos años

**Confederación (la)** La unión de las provincias de Canadá para formar un país

**cosecha (la)** La recolección de los alimentos que se plantaron

**dominio (el)** Una de las tantas tierras que están bajo el mando de un gobierno

**fogata (la)** Un gran fuego al aire libre, alrededor del cual se reúne la gente

**gobierno (el)** El grupo de personas que están a cargo de un país o de una parte

**mineral (el)** Una sustancia inerte que está generalmente adentro de las rocas

**presa (la)** Un animal que otros animales cazan para comer

**primer ministro (el)** El jefe del gobierno canadiense

**rodeo (el)** Evento en el que los jinetes muestran sus habilidades con los caballos y los toros

**sistema parlamentario (el)** El tipo de gobierno que tiene algunos miembros electos y también un líder que elije a otros miembros

# Índice

Impresso en China—CT